ÍNDICE

T0052197

Capítulo 1
¡EMPIEZA UN GRAN VIAJE!

El 10 de abril del 1912, el gran barco transatlántico Titanic flotaba en el puerto de Southampton, Inglaterra. El Titanic era el barco más grande que jamás se había construido en ese tiempo. Era tan largo como cuatro cuadras de una ciudad y era tan alto como un edificio de diez pisos.

Los periódicos reportaban que el *Titanic* era prácticamente imposible de hundir. En caso de un accidente, el barco tenía compartimentos estancos para mantenerlo a flote. La gente creía que estos compartimentos y otros detalles del barco hacían que el *Titanic* fuera el barco más seguro del mundo.

El Capitán Edward J. Smith había navegado por los mares durante más de 20 años. En su primera travesía por el Atlántico hasta Nueva York, el *Titanic* estaría bajo el mando de Smith.

Tranquilo. Éste es mi último viaje como capitán, y quiero que todo salga muy bien.

Parado en el puente de mando, el Capitán Smith dio la orden, y el *Titanic* salió del puerto lentamente. Los admiradores llenaron el muelle, despidiéndose del famoso barco y sus 2,200 pasajeros y tripulación.

¡Saluden a Nueva York de nuestra parte!

¡Buen viaje!

Los pasajeros en primera clase viajaron con mucho lujo. Millonarios como Benjamin Guggenheim, Molly Brown y John Astor bailaron en brillantes salones de baile, comieron en elegantes comedores y durmieron en hermosos camarotes nuevos.

Este barco es una maravilla.

¡Fantástico!

Lo debería de ser, por el costo del boleto.

Molly Brown viajó por Europa y se quedó con los Astor antes de regresar a los Estados Unidos en el *Titanic*. Allí, su esposo era un minero muy exitoso. Molly usaba su dinero para ayudar a la gente necesitada.

En las cubiertas más bajas, los pasajeros de segunda y tercera clase exploraron el barco. Hasta las partes bajas del barco eran impresionantes.

Joseph y Juliette Laroche viajaban con su joven familia. Como otros pasajeros, a Juliette le encantaba escribir cartas a su familia.

Querido Papá,
Abordamos el Titanic anoche a las siete. El barco partió cuando estábamos comiendo y no podíamos creer que se estaba moviendo. El mar está muy tranquilo, y hace un tiempo maravilloso. ¡Si pudieras ver lo grande que es el barco!

El mar está tan tranquilo.

Qué noche más bonita.

El gran barco ganó tiempo cruzando el frío Atlántico del Norte. Los pasajeros paseaban por las cubiertas del *Titanic* y gozaban del tiempo perfecto. Bailaban en el salón de baile al son de la música de la banda.

Los pasajeros y la tripulación del *Titanic* no sabían del peligro que les esperaba.

Capítulo 2
LA COLISIÓN

Poco antes de la medianoche el 14 de abril, Frederick Fleet y otro tripulante estaban vigilando desde el nido de cuervo del *Titanic*. El mar estaba tranquilo. El barco se movía rápidamente durante la noche fresca.

Está tan oscura la noche. Ojalá que tuviera binoculares.

De repente, Fleet vio una forma baja y oscura flotando directamente en frente del barco.

Capítulo 3

EL DESTINO DEL *TITANIC* ESTÁ ESCRITO

Minutos después, Thomas Andrews, el diseñador principal del *Titanic*, recorrió las cubiertas bajas con el Capitán Smith.

¿Qué tan malo es, señor Andrews?

Muy malo, desafortunadamente. El iceberg ha desgarrado el barco en muchos lugares. El agua entra demasiado rápido. El Titanic no se puede salvar.

¿Cuánto tiempo tenemos?

Una hora y media. Posiblemente dos.

Mientras tanto, el *Titanic* se estaba hundiendo rápidamente.

¡Las mujeres y los niños primero!

Los oficiales empezaron a cargar a los pasajeros en los botes salvavidas. El *Titanic* sólo tenía botes salvavidas para aproximadamente 1,200 personas. En el apuro, muchos botes salvavidas fueron bajados sin llenar.

¡Ese bote no está lleno!

¡Puede poner más personas allí!

Ahora, apártese. Espere su turno.

Familias fueron separadas. Mientras que las mujeres y los niños bajaron a los botes primero, la mayoría de los hombres se quedaron atrás. Algunos no se dieron cuenta de que jamás volverían a ver a sus familias.

Bajaré al próximo bote. Nos veremos pronto.

No te preocupes.

Adiós.

Capítulo 4

EL FIN DEL *TITANIC*

Bajaron los botes salvavidas rápidamente. Más de 1,500 personas se quedaron en el barco sin ninguna esperanza de salvarse. Algunos se lanzaron al agua helada.

A las 2:17 de la mañana, la popa del *Titanic* salió del agua. Sus enormes hélices se colgaban en el aire. Las luces del *Titanic* parpadearon y se apagaron.

El barco se rompió en dos. La parte delantera se hundió rápidamente.

¡CRAC!

Finalmente, casi dos horas después del naufragio del *Titanic*, el *Carpathia* llegó. Los sobrevivientes en los botes salvavidas remaron hacia el barco.

A bordo del *Carpathia*, el Capitán Rostron se entristeció.

Llegamos muy tarde.

Vayan a los botes salvavidas. Salven a todos los que puedan.

Los sobrevivientes subieron escaleras de soga al *Carpathia*. La tripulación hizo lo que podía para consolarlos.

Estará bien.

El *Carpathia* sólo llevó a 705 sobrevivientes a la ciudad de Nueva York. Miles de personas esperaron el barco cuando atracó, buscando a amigos o familiares. La mayoría recibieron malas noticias.

Más de 1,500 personas se murieron en las aguas frías del Atlántico del Norte. El naufragio del *Titanic* fue uno de los peores desastres de su época.

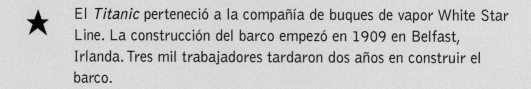

★ El *Titanic* perteneció a la compañía de buques de vapor White Star Line. La construcción del barco empezó en 1909 en Belfast, Irlanda. Tres mil trabajadores tardaron dos años en construir el barco.

★ Lleno, el *Titanic* pesaba más de 50,000 toneladas (45 toneladas métricas).

★ El *Titanic* costó aproximadamente $7 millones en construir. Hoy en día, costaría más o menos $400 millones.

★ Los pasajeros de primera clase pagaron aproximadamente $4,350 para viajar en el *Titanic*. Los pasajeros de segunda clase pagaron aproximadamente $65 y los de tercera clase pagaron más o menos $35.

★ El viaje inaugural del *Titanic* empezó el 10 de abril del 1912. Después de chocar con el iceberg alrededor de las 11:40 de la noche el 14 de abril, el *Titanic* se hundió a aproximadamente las 2:20 de la mañana el 15 de abril.

★ Debido a un cambio de tripulación al último momento, nadie se dio cuenta de que no había binoculares en el nido de cuervo hasta después de embarcar. Algunas personas creen que si Frederick Fleet hubiera usado binoculares, el *Titanic* hubiera podido evitar el iceberg. Otros opinan que la baja calidad de los binoculares hubiera evitado que Fleet viera el iceberg más pronto.

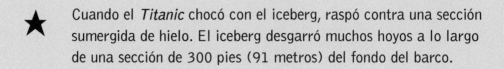 Cuando el *Titanic* chocó con el iceberg, raspó contra una sección sumergida de hielo. El iceberg desgarró muchos hoyos a lo largo de una sección de 300 pies (91 metros) del fondo del barco.

 El *Titanic* llevaba 20 botes salvavidas. Para salvar a todos los pasajeros y la tripulación a bordo, el *Titanic* hubiera necesitado 48 botes salvavidas.

Durante 73 años no se sabía con exactitud dónde estaban los restos del *Titanic*. Luego, en 1985, el Dr. Robert Ballard dirigió a un equipo de exploradores para encontrar el *Titanic*. Finalmente el equipo encontró el gran naufragio a 2.5 millas (4 kilómetros) por debajo de la superficie del Océano Atlántico.

GLOSARIO

casco—el armazón o cuerpo de un barco

estribor—la parte derecha de un barco

hélice—unas aspas giratorias que proveen la fuerza para mover un barco por el agua

llamada de socorro—una llamada de auxilio de un barco; los operadores mandaron llamadas de socorro desde el cuarto de radio.

nido de cuervo—un puesto de vigilancia localizado en lo alto del barco

popa—la mitad posterior de un barco

puente de mando—el centro de control del barco

puerto—un lugar donde los barcos cargan y descargan a pasajeros y cargamento

LEER MÁS

Deady, Kathleen W. *The Titanic: The Tragedy at Sea.* Disaster! Mankato, Minn.: Capstone Press, 2003.

Harmon, Daniel E. *The Titanic.* Great Disasters, Reforms, and Ramifications. Philadelphia: Chelsea House, 2001.

Matsen, Bradford. *The Incredible Quest to Find the Titanic.* Incredible Deep-sea Adventures. Berkeley Heights, N.J.: Enslow, 2003.

BIBLIOGRAFÍA

Ballard, Robert D. *The Discovery of the Titanic.* New York: Warner Books, 1987.

Gardiner, Robin. *The History of the White Star Line.* Hersham: Ian Allan, 2001.

The Marconi Corporation, Ice Warning Messages, http://www.marconicalling.com.

Titanic Inquiry Project, American and British Inquiry Transcripts http://www.titanicinquiry.com.

Walter, Lord. *A Night to Remember.* New York: Holt, Rinehart, & Winston, 1976.

Wels, Susan. *Titanic: Legacy of the World's Greatest Ocean Liner.* Alexandria, Va.: Time-Life Books, 1997.

ÍNDICE TEMÁTICO